Louis Bertrand

La Réalité et le Mirage oriental

Histoire

ISBN : 978-1724735317

10 9 8 7 6 5 4 3 2 1

Louis Bertrand

La Réalité et le Mirage oriental

Histoire

Table de Matières

I. — LA PORTE D'OR

Je me souviendrai longtemps de la gaîté irrévérencieuse qui me prit, lorsque, pour la première fois, dans Stamboul je me trouvai en présence de la Sublime-Porte. C'est à droite, en montant la longue rue tortueuse qui conduit à Sainte-Sophie, — une rue tranquille et peu commerçante, comme celles qui conduisent à la cathédrale dans nos villes de province. Le petit tramway jaune, qui nous traînait cahin-caha, s'était arrêté, pour relayer, devant une écurie à chevaux pratiquée à même le mur du Vieux-Sérail. Nous roulions entre une double rangée de façades mornes, aux rares ouvertures : une porte apparut, toute semblable à la porte cochère d'un jardin abandonné, avec des ferrures mangées de rouille et une espèce d'auvent qui s'étend de chaque côté. Précipitamment, je descendis du tramway, je consultai mon Baedeker : c'était bien Elle, — la Sublime-Porte,[1] dont le nom seul évêque de si fastueuses images ! Le contraste était à ce point violent entre la merveille espérée et ce que j'avais sous les yeux, que je ne pus maîtriser un éclat de rire, au grand scandale des soldats turcs, qui, du poste voisin, m'observaient. En vain je la considérai, cette Sublime-Porte, m'évertuant à y découvrir quelque chose d'extraordinaire. Tout ce que je constatai, c'est qu'elle est fort délabrée et qu'elle ferme mal. Et je m'en allai, cruellement déçu.

Toujours dans le petit tramway jaune, je parcourus, d'un bout à l'autre, la voie triomphale, par où les empereurs de Byzance s'acheminaient autrefois vers le Sacré Palais. Des kilomètres de bicoques en bois, pour la plupart vermoulues, se déroulèrent jusqu'au château des Sept-Tours. J'atteignis enfin la célèbre Porte d'or, point de départ du cortège qui accompagnait le Basileus victorieux… Hélas ! c'est une ruine informe et méconnaissable ! Elle a été aveuglée par les Turcs qui ont bouché ses trois arches avec de la maçonnerie, qui l'ont dépouillée de ses statues et de ses bas-reliefs. Les ronces l'envahissent, ses blocs de marbre se délitent, les angles s'affaissent. Autour, s'amoncellent toutes les ordures d'une banlieue, — et d'une banlieue orientale ! La Porte d'or de l'autocrate byzantin n'a rien à envier, dans sa décrépitude, à la Sublime-Porte du Commandeur des croyants !

____

1 Pour parler exactement, c'est la porte principale de la Sublime-Porte, qui comprend tout un ensemble de bâtiments.

Alors, devant la désolation de ces lieux, je méditai une fois de plus sur la duperie des mots sonores, dont les Orientaux sont si volontiers prodigues, — toutes ces appellations pompeuses qui survivent à des splendeurs défuntes et d'ailleurs problématiques, et qui continuent à fasciner nos imaginations occidentales : *La Porte d'or, le Militaire d'or, la Magnaure, la Voie triomphale, le Sacré Palais* ! Quelles syllabes magiques ! Il nous suffit de les prononcer, pour qu'immédiatement tout un décor de magnificences s'évêque en notre esprit ! Et ces autres syllabes, où nous mettons involontairement de la poésie et du mystère : *Stamboul, Hedjaz, Islam, Moghreb* ! Comme elles chantent ! Comme elles nous sollicitent vers le pays bleu des chimères ! Mais comme elles sont trompeuses ! De même que l'emphase du style chez les chroniqueurs byzantins, ici, le beau son des paroles nous cache et nous transfigure la misère des choses.

En vérité, c'est nous, bonnes gens d'Occident, qui créons le mirage oriental. Là même où c'est réellement très beau, il faut nos yeux pour s'en apercevoir. Ceux des Orientaux n'en ont cure. La nature, sans âme pour eux, ne les intéresse point. Un arbre qui leur donne de l'ombre, une source qui les rafraîchit, un banc de bois ou une natte pour s'étendre, ils n'en demandent pas davantage. Pendant mon séjour à Constantinople, ce m'était un perpétuel étonnement que l'insouciance des indigènes à l'égard des sites admirables dont leur ville abonde. La perspective de la Corne d'Or est assurément incomparable. Or, presque partout, sur les deux rives, il est impossible d'en jouir. Pas de quais, pas de promenades ! D'interminables bâtisses administratives, des cordons sans fin de masures, dont les pieds baignent dans l'eau, vous bouchent la vue continuellement. Quand on ne veut pas se risquer eu caïque, on est obligé de gravir les hauteurs d'Eyoub, ou de Kassim-Pacha, pour embrasser ce splendide paysage. Ainsi du reste ! Les mœurs, les costumes, les édifices, c'est encore nous qui en devinons, qui en inventons le charme ou la beauté. Nulle part, les mosquées ne sont plus religieuses, plus voluptueusement fraîches, plus féeriquement chatoyantes que dans les livres de nos romanciers et de nos voyageurs. Qu'on songea tout ce que la musique d'un Saint-Saëns ajoute à la dure mélopée d'un chamelier arabe, ou d'un fellah du Nil ! Sans doute les Orientaux préfèrent leur vie à la nôtre, mais s'ils l'aiment et s'ils la goûtent vraiment, c'est pour des raisons de commodité ou d'habitude que nous ne pouvons pas comprendre, ou que nous jugerions fort prosaïques. Tout ce que nous admirons chez eux les laisse froids. Ils n'en parlent jamais, ou seulement pour nous faire plaisir et flatter notre manie. Sans nos Byron, nos Théophile Gautier, nos Loti, Stamboul elle-même ne serait qu'une expression géographique.

Mais précisément pour cela, parce que notre sensibilité d'Européens s'émeut trop facilement à ces spectacles exotiques, il nous est d'autant plus difficile de contrôler nos impressions. Le touriste qui passe ne s'en inquiète même pas. Tout conspire à lui faire croire que cette réalité étrangère n'est qu'un décor arrangé exprès pour le plaisir de ses yeux. Au contraire, ceux qui séjournent ou qui demeurent ne voient plus que l'envers de la toile et ils s'en exagèrent instinctivement la laideur. Vivant au milieu des Orientaux, ayant à souffrir, très souvent, de leur contact, ils ne s'embarrassent point de savoir si le simple fait de leur présence n'est pas tout aussi gênant pour leurs hôtes, J'avoue qu'il est délicat de prendre un moyen terme. Essayons pourtant d'être impartiaux, tâchons de dégager la réalité du mirage, et, en nous plaçant en face de l'Oriental, d'apprécier aussi justement que possible nos positions réciproques.

II. — LES OMBRES DU TABLEAU

Malgré les séductions littéraires, ou les raisons brutalement pratiques qui nous attirent en Orient, nous y serons toujours des étrangers. Voilà ce qu'il ne faut jamais perdre de vue. Même ceux d'entre nous qui s'y établissent ne savent que trop qu'ils n'y sont point chez eux. Si d'aventure ils l'oubliaient, le climat, d'abord, le leur rappellerait bien vite. Cette question du climat est capitale, non seulement parce qu'elle explique les antinomies irréductibles des caractères ethniques, mais parce que le premier obstacle, et le plus redoutable, auquel nous nous heurtions là-bas, c'est l'hostilité du sol, de l'air et de la lumière.

Evidemment, il est des terres heureuses dans ces régions. La Turquie d'Europe, la Grèce, l'Anatolie sont aussi habitables pour nous que les contrées méridionales de l'Espagne et de l'Italie. Mais la Syrie, la Palestine, l'Egypte, — tout le Sud-Est est un véritable enfer. Les gens qui s'y promènent dans la saison la plus clémente ignorent la torture des interminables étés d'Orient. A cette époque, la Méditerranée est une cuve fumante. Les villes de la côte se dissolvent dans une humidité perpétuelle, une moiteur tiède qui vous énerve et qui vous anémie. Même en novembre, à la fin de l'automne, Alexandrie, Beyrouth, Caiffa, Jaffa continuent à suer dans une atmosphère de hammam. Que dire de Suez et de Port-Saïd, — les deux escales qui laissent peut-être aux passagers d'Indo-Chine le plus atroce souvenir de leur navigation ? Alexandrie ne vaut guère mieux. Assise entre la mer et le lac Maréotis, elle est dans l'eau presque toute l'année. Au mois de juin, la chambre que j'occupais, dans un hôtel tout neuf, était saturée d'une affreuse odeur de moisissure, tellement l'évaporation du sol est pénétrante ! Et je me rappelle l'accablement des siestes, les soirées aquatiques dans les casinos de la plage, au son des musiques d'Europe. Des dames françaises, le teint fiévreux, gisaient, sans pouvoir bouger entre les bras des fauteuils d'osier. On suçait, d'un chalumeau languissant, des orangeades glacées, on s'épongeait le front et les mains, on échangeait des propos affaissés. Un monsieur soutenait qu'à Tunis c'est encore plus intolérable, — et l'on se consolait à penser que d'autres, là-bas, transpiraient davantage.

Après le supplice de l'eau, celui de la poussière, de la chaleur et de la soif, — le supplice du Sud !... Le Sud ! Quel nom hallucinant ! Je l'aime à la folie, ce pays de la soif, je l'aime dans tout le paroxysme de son flamboiement ; mais je sais à quel prix il faut acheter l'enchantement de ses mirages, l'accablante beauté de ses grandes lignes toutes nues et la pureté de sa lumière. Je le pressens de loin. Quand le sable commence à s'insinuer sous la porte de ma chambre, quand les murs et les plafonds se fendillent, quand les tarentes courent le long des solives, alors je reconnais son approche. Le Sud va m'envelopper de son haleine de feu. Mes lèvres et mes mains vont se gercer, et je ne pourrai plus dormir, sinon d'un lourd sommeil de cauchemar.

Dès le Caire, on prend une première idée de ces tourments. Passé le mois de mars, on y soutient une lutte incessante et vaine contre la poussière, une poussière noire, asphyxiante, véhiculée par les souffles brûlants du *khamsin*, et tellement impalpable qu'elle semble se confondre avec la couleur du ciel. Elle entre partout, se déploie sur les vêtements, compromet les blanchissages les plus soigneux, viole les armoires et les malles le plus hermétiquement closes. Elle vous englue les doigts, vous dessèche la gorge, elle est l'air même qu'on respire. A mesure qu'on s'enfonce dans la Haute-Egypte, la poussière augmente, devient plus dense et plus étouffante. Voyagez-vous en chemin de fer : à chaque station, un jeune esclave armé d'un plumeau doit épousseter la couche de limon qui s'est accumulée sur les banquettes et sur votre personne. Autrement, vous vous enlizeriez peu à peu comme le Sphinx de Gizeh. Aussi tous ceux qui peuvent émigrer vers des régions moins poudreuses et moins torrides, — c'est-à-dire le plus grand nombre des Européens et des riches indigènes, — s'empressent-ils de s'embarquer aux premières chaleurs. Pendant six semaines, les paquebots sont pris d'assaut. On retient ses places longtemps à l'avance. L'express d'Assouan est plein d'officiers exténués qui fuient leurs garnisons nubiennes ou soudanaises. Ceux qui sont le plus à plaindre, ce sont les employés et les ingénieurs de toutes ces sucreries qui s'échelonnent sur les deux rives du Nil. Une villégiature en Europe ne leur est pas toujours permise. Ils sont forcés, comme les Cairotes, de se rabattre sur les plages d'Alexandrie, — Meks et Ramleh, — où, à défaut de fraîcheur, ils ont du moins la satisfaction de contempler beaucoup d'eau.

En Palestine et en Syrie, si le fléau de la poussière est moins terrible, les lieux cuisants ne manquent pas non plus. Parmi ces fournaises, il convient de donner la palme à Tibériade et à Jéricho. Que les bords de la Mer-Morte soient meurtriers pendant la saison chaude, on ne s'en étonne point trop, sur la réputation sinistre de ces parages. Mais Génésareth ! Le lac de Jésus, qui resplendit avec une telle douceur dans nos souvenirs ! Eh bien ! c'est ainsi ! Le lac évangélique est presque aussi méchant que l'Asphaltite son voisin. Tibériade est un étouffoir. La population y a des mines de déterrés. Je vois encore la figure de l'honnête hôtelier wurtembergeois chez qui j'étais descendu. Dans ce pays, où les sépulcres foisonnent, il avait l'air d'un cadavre fraîchement ressuscité. J'ai compris ensuite l'exclamation dolente du Franciscain qui, du haut de la terrasse de son couvent, me montrait les montagnes âpres et stériles, qui surplombent l'autre rive du lac, comme une muraille de prison. Il me disait : « C'est un pays maudit ! La malédiction du Seigneur est sur lui ! *Malheur à toi, Capharnaüm ! Malheur à toi, Bethsaïda !...* » Et il m'apprit que les religieux décimés par la fièvre abandonnaient le monastère qui était à peu près vide. Il n'y avait plus que trois Capucins, lorsque j'y passai. Lui-même était à bout de forces et demandait à s'aller rafraîchir un peu à Nazareth.

Dans des conditions pareilles, on conçoit que l'acclimatation soit à peu près impossible pour l'Européen, — surtout pour l'Européen du Nord. Il vit en Orient, il y vit même fort bien, en observant toutes les précautions requises et en revenant, à intervalles réguliers, se retremper au pays natal. Mais ceux qui font souche là-bas sont extrêmement rares. Les familles s'éteignent à la seconde ou à la troisième génération, à moins de croisements avec les indigènes ou les Levantins. C'est exactement comme dans notre Algérie, où, en dehors des villes maritimes et des régions du Tell les plus rapprochées de la côte, les Méridionaux s'étiolent et ne se reproduisent pas. Les ouvriers manuels, — et cela se comprend, — ont plus de peine encore à résister au climat. J'ai rencontré à Damas, à Dérat, à Maân, de l'autre côté de la Mer-Morte, des équipes de terrassiers italiens qui travaillaient à la ligne du Hedjaz. Les malheureux étaient réduits à l'état squelettique, et ils avouaient qu'ils redoutaient moins les balles des Arabes que la menace perpétuelle de la fièvre et de l'insolation, le danger des nourritures et des boissons malsaines.

Dans les postes lointains du Sud, ce n'est pas seulement la maladie qui vous guette, mais toutes les variétés de la démence, depuis celle de l'alcool jusqu'à celle du meurtre. Il y a une folie du Sud. Nos officiers la connaissent, qui ont vécu seulement trois mois dans les oasis sahariennes. Il est même inutile de s'avancer bien loin et de choisir les mois les plus chauds pour constater la fréquence de ces cas de folie parmi les Européens. Lorsque je remontai le Nil, au commencement de mai, j'étais seul sur un vapeur de commerce avec le mécanicien du bord, un Anglais robuste qui ne faisait le service que depuis un an. Ce fut épouvantable ! Cet individu qui avait le commandement de l'équipage, la responsabilité des marchandises, était ivre du matin au soir. Quand il ne cuvait pas son eau-de-vie dans sa cabine, il se précipitait sur le pont, à moitié nu, en criant

des injures au *raïs*, ou il se colletait avec les matelots berbérins. D'autres fois, dans ses moments les plus calmes, il manifestait sa gaîté en me hurlant aux oreilles : « Tuons les Allemands ! tous, tous !… A présent que nous sommes frères, Anglais et Français, nous allons nous mettre ensemble pour tirer sur les Prussiens !… Pan, pan, pan !… » Et il pointait un fusil imaginaire contre les fellahs qui se baignaient dans le fleuve. Je tremblais qu'il n'eût un revolver dans sa poche. Sous la direction de ce fou, rien de surprenant que tout allât de travers sur le bateau. A chaque instant, nous donnions contre des bancs de sable : il fallait des heures pour se dégager. Heureusement, l'ivrogne dormait, pendant ce temps-là, loin de sa machine ! Il nous eût fait sauter avec une parfaite inconscience.

Plus tard, à Assouan, j'avais pour commensaux trois ingénieurs, — trois Anglais encore. Ces messieurs, totalement abrutis par l'alcool et la chaleur, ouvraient rarement la bouche. Le soir après le dîner, ils se transportaient au bar de l'hôtel, et, là, dans la salle déserte, vautrés sur les moleskines des banquettes, ils absorbaient automatiquement des *wiskies and sodas*, toujours sans lâcher une parole, au son d'un graphophone qui leur jouait indifféremment la *Mattchich* ou la *Marche funèbre* de Chopin. Ces plaisirs duraient jusqu'aux environs de minuit, lorsque le barman, tombant de fatigue, éteignait l'acétylène. On hissait les trois *gentlemen* sur des ânes et on les ramenait, Dieu sait comment, à leurs logis respectifs.

Même chez les Européens qui ne glissent pas aux vices du climat, il y a toujours une nervosité inquiétante, une irritabilité maladive, dont il est nécessaire d'être averti, quand on entre en rapports avec eux. A la moindre élévation de température, ils ont le teint fiévreux ; les yeux dilatés leur sortent des orbites, et s'injectent de sang. L'incident le plus futile, un mot mal compris les arrachent instantanément à leur torpeur et les jettent dans des crises furibondes. Je ne vois guère que les Grecs qui subissent impunément l'influence énervante de ces pays. Le Grec est admirable. Rien ne paraît mordre sur lui. La peau sèche, le corps sain, l'esprit lucide et calculateur, il est, — sans rival possible, — le maître du Sud. Il est vrai que les Grecs sont des Européens d'avant-garde. Nous autres, il faut nous résigner à n'être jamais que des passants là où ils s'établissent et triomphent. Nous le savons bien d'ailleurs, et si j'insiste ainsi sur ces contrariétés du sol, c'est que nos descripteurs les oublient trop aisément pour les spectacles de beauté dont l'Orient est prodigue, et que, chez nous, comme ailleurs, la manie de l'expansion coloniale à outrance nous amène à ne plus considérer les difficultés inhérentes à la conquête.

Pourtant, même au pire de la fournaise, il y a pour l'artiste errant, des visions si splendides, des moments d'exaltation si vertigineuse, que les trop réelles souffrances dont il les paie ne comptent guère. Où je l'éprouvai avec une intensité inoubliable, ce fut à Sakkara, par un des jours les plus brûlants de l'été.

Nous n'y étions arrivés qu'à midi. Sous les rafales d'un grand vent d'Est qui nous aveuglait de poussière, et qui nous criblait d'un grésillement continu de petites pierres tranchantes, nous avions traversé les ruines de Memphis, nous étions descendus dans les hypogées aux fraîches enluminures, dans les longs corridors souterrains, où sont les cuves funéraires et colossales des Apis. Une mer de sable torride nous environnait, obstruait les bouches étroites des sépultures, déferlait contre les pyramides à demi submergées, recouvrait nos pieds de sa nappe mouvante. Accablés par la pesanteur du soleil, nous nous réfugiâmes dans la *Maison de Mariette*, et, selon la coutume, nous essayâmes de manger. L'eau que nous avions apportée était tiède, le pain sitôt exposé à l'air se racornissait, s'écrasait sous les doigts comme une cendre. Le vent soufflait toujours, on mâchait du sable avec les bouchées arides de ce mauvais pain. Nous renonçâmes. Chacun se coucha sur les tables de la vérandah. A terre, les gardiens allongés poussaient un ronflement rauque et pénible comme celui des patients qu'on endort avec du chloroforme. Le museau entre les pattes, le chien du logis n'avait même plus la force d'aboyer. Le sable éparpillé par les souffles se collait à nos cheveux, à nos fronts en sueur. Nous gisions ainsi, les muscles vibrants et douloureux, moins pour dormir que pour échapper à l'atmosphère du dehors.

C'était exaspérant, cette immobilité fébrile !... Tout d'un coup, je me levai. Je voulais sortir, je voulais voir quand même. Il était deux heures, le soleil dardait d'aplomb. Mais le vent calmé ne se soulevait plus que par intermittences…

Je franchis le seuil : ce fut terrassant de lumière, de chaleur, de splendeur funèbre !… Le plein midi ! L'heure blanche du Sud ! l'heure de diamant ! Quelle ivresse ! Être seul dans ce cercle immense, enflammé et pâle de l'horizon ! La terre, à l'infini, avait une couleur d'ossements. Le ciel embué de poussière grise, vers le couchant, était, à l'Est, d'un bleu suave et léger. Partout, autour de moi, un cirque effroyable de sables brûlants, fumants comme une solfatare, se gonflant et bouillonnant comme une matière en fusion qui cherche sa forme. Pas de lignes, pas d'arêtes vives, tous les plans brouillés selon les sautes de la rafale ! Au loin, la chaîne libyque indistincte ; plus près, les dunes de Memphis striées d'ondulations symétriques qui se poursuivaient comme les pas du vent sur le sol friable. Et, dans ce vide surchauffé de l'espace, dans l'âpreté fauve des sables, les pyramides tronquées se dressaient toutes blanches, éblouissantes, — amoncellements de neiges qui fondent au soleil.

Fléchissant sous l'averse du feu dévorateur, avec quel accent de commisération fervente, je me répétai la prière rituelle des morts qui, dans cette nécropole, me pressaient de leur peuple innombrable : « *Qu'on me donne à boire de l'eau qui court ! Qu'on me tourne la face vers le vent du Nord, afin que mon cœur en soit rafraîchi dans son chagrin !* » Cette goutte d'eau implorée parmi tant de sécheresse implacable, elle me parut alors plus chimérique que le plus impossible des paradis ! Je défaillais. Je revins me coucher sous la vérandah, à côté des gardiens qui poussaient toujours leur ronflement angoissé. Mais je ne pouvais pas fermer l'œil. J'étais emporté par une alacrité intellectuelle extraordinaire, presque morbide. Les objets et les êtres qui m'environnaient prenaient, pour moi, un sens inquiétant. Je regardais les couches de sable s'épaissir sous les portes, s'étendre sur les dalles et sur les meubles, — et les visages déjà momifiés des *gâfirs*, leurs corps décharnés et comme prêts pour l'embaumement… Et le *Memento quia pulvis es* m'obsédait avec une rigueur opprimante : oui ! à quoi bon lutter ? Un jour de plus, un jour de moins, qu'importe ? On est déjà recouvert et enseveli. Au milieu de ces sépulcres qui subsistent encore après quatre mille ans, quand leurs cadavres sont depuis longtemps dispersés, parmi les images dérisoires peintes sur leurs murs, — tous ces faux symboles d'abondance et de joie, — dans ce lieu où peut-être l'homme a crié le plus éperdument son désir d'immortalité, je sentais peser sur moi, en une détresse de toute mon âme, l'omnipotence de la mort…

Mais ces désolations et ces ardeurs extrêmes ne se supportent que quelques instants, comme on supporte le sublime ou les paroxysmes de la passion. Prolongées, c'est le délire, la folie ou l'extase.

III. — LE FUMIER ORIENTAL

Taine a écrit quelque part : « Le moyen âge a vécu sur un fumier. » On peut en dire autant de l'Orient d'aujourd'hui. Cette insouciance de l'ordure jointe aux désagréments du climat est, pour l'Occidental qui séjourne en ces pays, une des causes les plus fréquentes d'incommodité et de mauvaise humeur. Tous nos principes d'hygiène y sont scandaleusement bafoués, et ce n'est pas un de nos moindres étonnements que les Musulmans, en général si propres sur eux, acceptent, avec une pareille indifférence, le voisinage de toutes les pestes et de toutes les impuretés.

Ceux d'entre eux qui ont été élevés à l'européenne gémissent quelquefois sur cet état de choses. Leurs doléances sont-elles absolument sincères ? Je ne prétends point en juger. Mais certaines de nos conversations me reviennent en mémoire. Un soir, au Caire, je me promenais dans le quartier de Bab-en-Nasr avec un des nationalistes indigènes les plus fervents. Sans parler des émanations qui montaient du sol, nous enfoncions dans la boue jusqu'aux chevilles, cette boue spéciale de l'Egypte, toute noire, épaisse, onctueuse et grasse comme du beurre, où les larges orteils des fellahs s'étalent avec délices, cette fange natale où ils pataugent sans cesse et qui, au dire des archéologues, explique, dans les statues anciennes, la pesanteur et la carrure formidable des pieds. Mon guide, observant mes mines dégoûtées, se hâta de prévenir mes récriminations : « Vous constatez, me dit-il, la malpropreté où les Anglais laissent croupir notre peuple. Ils ont un mépris sans bornes pour nous. Des rues comme celle-ci, c'est bien assez bon pour des Egyptiens ! Leurs quartiers à eux sont nettoyés tous les jours, lavés, ratissés ! Le budget de la voirie, ce sont eux qui en profitent d'abord et qui l'épuisent. Pour nous, il n'y a jamais un son disponible !… »

Effectivement, le contraste était saisissant entre ce cloaque des rues indigènes et ces belles avenues si propres de Gézireh, où s'alignent les hôtels et les villas des Européens. Pourtant il ne faudrait pas y regarder de trop près, tant il est difficile, en Orient, d'appliquer à la lettre les prescriptions de notre hygiène. Avouons-le, même les quartiers neufs (où il y a aussi des Anglais) exhalent, pendant l'été, une odeur d'égout en fermentation. J'ai encore dans les narines les parfums de la rue Kasr-en-Nil, qui est cependant une des artères les plus fréquentées et les mieux entretenues. Mais ce terrible soleil du Sud rend à peu près vaines nos ordinaires précautions : il change immédiatement en pourriture tout ce qu'on lui jette et il a tôt fait de transformer en flaques méphitiques les ondées de nos arrosages. Si vous voulez admirer, en un bel exemple, sa puissance de décomposition, allez-vous documenter du côté de Boulaq. Longez les berges du Nil. Nulle part au monde, pas même à Jérusalem, je n'ai respiré un pareil bouquet de puanteurs. Des effluves asphyxiants se dégagent du fleuve obstrué d'immondices et de charognes d'animaux ; le sol où Ion marche n'est qu'un dépotoir, un entassement de débris innomables que la chaleur recuit et liquéfie en des chimies invraisemblables. C'est d'une telle véhémence, d'une concentration d'arômes si nuancée, que l'odorat se pervertit et qu'à la longue on croit humer, en un prodigieux élixir, tous les fumets troublants de l'exotisme. Et, chose inouïe ! ces bords pestilents sont habités par des êtres humains. Le grouillement de peuple y est peut-être plus dense qu'ailleurs. Je m'y aventurai, un jour, au crépuscule. Sous un ciel brouillé de poussière, le fleuve fumait comme une étuve. La grande rue de Boulaq, gluante d'une gadoue perpétuelle, avec ses tas d'épluchures et de chiffons, ses déjections stagnantes, était fourmillante de femmes et de bambins en guenilles, de manœuvres et d'âniers en *galabiehs* crasseuses. Des groupes accroupis sur des nattes encombraient les abords des cafés. D'autres stationnaient devant les épiceries et les boutiques de comestibles. Cela sentait la cannelle, le poivre rouge, le graillon, et d'autres odeurs encore. Aux étalages, des purées de dattes semblables à de la boue solidifiée se moulaient dans des couffins, à côté des peaux de boucs liées aux quatre membres et d'où suintait un liquide visqueux. Dans une boulangerie, un enfant dormait, couché tout nu sur les pains, la figure mangée par les mouches qui se collaient aux commissures des paupières chassieuses. De gros bracelets luisaient dans la crasse de ses bras et de ses jambes. Et je vis un petit âne fripon voler un pain qui servait d'oreiller à l'enfant et se sauver au grand galop. Cela fit presque une émeute dans la rue. Des *galabiehs* volèrent à la poursuite de l'âne, la poussière s'éleva plus acre sous les pieds des gens qui couraient, et, remués par les loques flottantes de leurs haillons, les relents du faubourg m'enveloppèrent d'une touffeur plus nauséabonde… Mais voici le triomphe du mirage oriental : je trouvai cela presque beau. Ce paysage sordide, écrasé de chaleur, sous un ciel jaune obscurci de poussières impalpables et de fumées, où des touches de couleur crue éclataient dans la lueur livide des lampes électriques qui, là-bas, commençaient à s'allumer sur les quais du Canal Ismaïlié, — ce paysage d'Egypte réunissait pour moi toutes les violences brutales du Sud et toutes les finesses mélancoliques d'un crépuscule de banlieue parisienne.

Heureusement, j'habitais loin de ce pittoresque un peu monté de ton ! Mais, à Péra, j'ai vécu au cœur de l'infection. Péra et les Pérotes n'ont pas une bonne presse, en ce moment. Tous nos littérateurs s'acharnent à dénigrer la ville et les habitants. Les Turcs eux-mêmes, ravis de dauber sur l'envahisseur européen, prodiguent volontiers le sarcasme à la rivale de Stamboul. Est-ce la rancune d'y avoir essuyé un mois de pluie continuelle ? J'avoue, pour ma part, que la mauvaise réputation de Péra me semble abondamment méritée. Les rues y sont des égouts à ciel ouvert, où, lorsqu'il pleut, il est prudent de ne s'engager que muni de solides caoutchoucs. Les maisons envahies par les eaux pluviales trahissent au dehors, sur les seuils et presque sur les trottoirs, le débordement de leurs sécrétions intimes. Aux pentes ravinées des *Petits champs*, les terrains des vieux cimetières dégringolent, entraînant leurs stèles en pilotis pêle-mêle avec les ossements : ces charniers détrempés s'étalent sous les fenêtres des hôtels et des lieux de plaisir. Le pire, ce sont les hordes innombrables de chiens errants qui pullulent à Constantinople. Galeux, crottés jusqu'aux oreilles, ils vous frôlent sans cesse, ils bloquent les abords des magasins : les commis ont beau les chasser à grands coups de courbache, ils reviennent l'instant d'après. Ils sont les maîtres de la chaussée, ils s'y vautrent avec des nichées de petits qu'il faut enjamber pour se frayer un passage. Les enfants les battent et les martyrisent, les charrettes et les tramways les écrasent, de sorte que l'horreur et la pitié l'emportent encore sur le dégoût. Je vois toujours, au coin de l'Ambassade d'Angleterre, un malheureux petit chien, dont la patte coupée par une roue de voiture ne tenait plus qu'à un lambeau de chair, et qui se hissait désespérément sur ce moignon sanglant pour atteindre les mamelles de la mère, une pauvre chienne efflanquée et rongée d'une teigne hideuse…

Des sensations de cette espèce vous préparent, du moins, excellemment à savourer tout « le moyen âge » de Stamboul. Cette ville, qui vous apparaît si prestigieuse de la haute mer, n'est (à part ses mosquées monumentales) qu'un ramassis de cambuses croulantes, un dédale de venelles dépavées et coupées de fondrières. Malheur au touriste ignorant qui s'y risque en fiacre ! D'abord, presque régulièrement, le cocher, qu'on a pris à Péra, connaît mal Stamboul et ne tarde pas à vous égarer. Ensuite, le supplice des cahots y dépasse tout ce qu'on peut imaginer. Je revins à peu près indemne d'une excursion de ce genre, mais la portière de mon véhicule était défoncée, et le marchepied était resté en route.

Passons bien vite ! Jetons un voile sur l'ignominie du Phanar ; traversons, en nous bouchant le nez, les tristes galetas des Juifs et les campements des gitanes. Toute cette partie de Stamboul jusqu'à Edirné-Kapou est proprement infâme, bien qu'il s'y découvre pourtant de délicieux jardinets, qui sont comme des oasis de fraîcheur et de propreté dans cette pouillerie aride Franchissons la porte d'Edirné et suivons la route défoncée et poudreuse qui se déroule, pendant des kilomètres, au pied des remparts byzantins, jusqu'à la mer de Marmara. Nous voici maintenant dans le plus pur moyen âge ! Et si je ne faisais attention qu'à la beauté du spectacle, j'ajouterais tout de suite que c'est admirable !… Or, cette impression de recul à travers le passé ne tient pas seulement à la silhouette médiévale de l'enceinte, à l'absence presque absolue de toute fausse note moderne dans ce concert de formes et d'images archaïques, elle tient aussi à la sauvagerie barbare du lieu. Comme sur les plans illustrés de nos vieilles villes du XVe siècle, des carcasses à l'abandon gisent autour des murailles. Des vols de corbeaux planent au-dessus du pourrissoir. Ces oiseaux funèbres disputent leur provende aux troupes faméliques des éternels chiens errants.

Pour que le tableau soit complet, on souhaite presque de voir surgir, parmi les décombres, un lépreux faisant grincer sa crécelle. Mais ce spectacle n'est que différé. On en jouira bientôt à Scutari, derrière le célèbre cimetière, qui abrite toute une léproserie à l'ombre de ses cyprès.

Stamboul est assez justement louée, pour que l'indication de ses tares donne plus de prix à l'éloge. En vérité, un certain courage est nécessaire à quiconque la veut contempler sous tous ses aspects. Autant que personne, je me suis émerveillé de sa Corne d'Or. Le soir, en caïque, au coucher du soleil, j'y ai goûté des minutes de ravissement peut-être uniques. Il faut que ce paysage soit bien extraordinaire, pour vous faire oublier ainsi les haut-le-cœur de l'embarquement. Près des pontons, et pendant un trajet de deux cents mètres au moins, on vogue sur les flots d'une sentine. Les *canaletti* les plus infects de Venise ne sont rien en comparaison. C'est seulement au large qu'on ose ouvrir ses poumons et qu'on respire un air à peu près pur. D'ailleurs, toute la péninsule constantinienne nage dans l'ordure, elle est ceinte d'une zone houleuse de détritus et d'épaves. A la, pointe du Vieux-Sérail, un matin que la mer était grosse, nous faillîmes nous briser contre la coque d'un bateau marchand échoué là depuis des années : elle doit y être encore, et il est permis de conjecturer que l'imperturbable indolence des Turcs l'y laissera reposer longtemps, s'il plaît à Dieu ! D'après la capitale de l'Empire, on peut juger du reste. Smyrne elle-même (bien qu'à moitié grecque), Damas, Alep, Beyrouth, Caïffa, Jaffa exhalent un même parfum oriental. Mais tout cède à la pestilence de Jérusalem, qui est incomparable.

Dirai-je le scandale permanent de la *Via dolorosa*, la rue sainte entre toutes pour nous autres chrétiens ? Elle dévale du haut en bas de la ville comme un égout collecteur, dont l'odeur égale presque celle de la rue des Juifs. Ah ! celle-là, elle défie toute expression ! J'eus pourtant la constance de la visiter dans ses moindres recoins, guidé par le directeur de l'Ecole israélite, qui voulait me mettre sous les yeux, et, si j'ose le dire, sous les narines, l'effroyable misère de ses coreligionnaires pauvres. Il n'exagérait pas : une telle abjection vous serre le cœur.

Nous remontâmes le long couloir de ce ghetto, empoisonné par une intolérable puanteur de poisson pourri, le poisson desséché dont ils se nourrissent et qui s'empile par monceaux dans les échoppes des épiciers. Nous parcourûmes les taudis groupés autour de la Synagogue. Quelques-uns sont de véritables caves, où s'entassent des familles entières avec des régiments d'enfants anémiques, espèces de larves humaines. L'humidité malsaine, l'atmosphère fétide de ces chenils, les eaux stagnantes qui se décomposent entre les creux des pavés, c'est le fumier de Job dans toute son horreur ! Et le cynisme de cette saleté paraissait plus navrant par la profusion des velours dont ces indigents sont couverts : des velours violets, des velours topaze ou nacarat qui balayaient les immondices de la rue. Au moment où nous sortions de la Synagogue, deux fillettes extrêmement parées s'échappèrent d'une porte basse, en répandant derrière elles des effluves de poudre à la Maréchale, si véhéments qu'ils tuaient l'écœurante odeur de poisson pourri. Tout l'Orient est dans cette antithèse : des odeurs suaves sur de la pourriture !

Or, cette hantise de la pourriture vous poursuit d'un bout à l'autre de Jérusalem. Elle vous accompagne hors des murs, au pont du Cédron, aux alentours de Gethsémani, où des bandes de lépreux vous talonnent en criant : « Bakchich ! bakchich ! » La pourriture millénaire de Jérusalem ! Elle vous parle un langage singulièrement émouvant par toutes les bouches de ses sépulcres qui baillent au soleil, par toutes les pierres tombales qui descendent aux flancs de la vallée de Josaphat ! Cette montagne de Sion n'est qu'un vaste cimetière où l'on ne peut pas creuser sans ramener des ossements. La ville elle-même, si vieille malgré ses rajeunissements successifs, semble construite avec des débris mortuaires. Ses pierres ont le poli huileux et froid des vieilles peaux caduques. La boue visqueuse qui enduit ses murs et ses pavés me répugnait comme un affreux résidu de toutes les chairs qui se sont usées et défaites sur son rocher indestructible…

Et, quand on songe aux hospices, aux dispensaires, aux hôtelleries de toutes les confessions et de toutes les nationalités qui s'y étouffent, aux cohues de pèlerins qui viennent y semer les germes de toutes les contagions, on s'étonne que Jérusalem ne soit pas un foyer d'épidémie pour la Palestine… Mais l'hygiène des lieux saints se moque de nos sciences et de leurs axiomes.

Qu'on m'excuse d'insister ainsi sur ces horrifiantes laideurs ! L'artiste qui passe, le touriste isolé de tout contact extérieur par les soins diligents des agences, n'y aperçoivent sans doute qu'un excès de couleur locale, et ils s'ébahissent à bon droit de l'harmonie parfaite qui existe encore, en Orient, entre les mœurs actuelles et les monuments du passé. Quand on est forcé d'y vivre, il est assez naturel qu'on envisage la situation selon les règles ordinaires du sens commun.

IV. — LES ENTRAVES

Si le climat et l'insalubrité des villes pèsent si lourdement sur l'Européen transplanté en Orient, les entraves de toute sorte qui contrarient ses mouvements lui sont peut-être encore plus odieuses. Mettons à part l'Egypte qui est soumise à un régime spécial. L'Empire ottoman, réduit à ses territoires de suzeraineté effective, est assez considérable pour fournir une matière déjà très ample à notre observation.

Sans doute, la récente révolution a déjà sensiblement modifié l'ancien état de choses. En ce moment, on est tout à la joie de la liberté enfin conquise, on s'embrasse, on fraternise, paraît-il, non seulement à Stamboul, mais à Salonique, à Andrinople, à Beyrouth, dans toutes les grandes villes. Souhaitons que cet heureux changement soit durable. Mais il a été trop soudain pour que les tares du régime disparu se soient abolies du même coup, et pour qu'elles ne contaminent point, d'une façon plus ou moins directe, le régime qui va naître. La liberté ne s'improvise pas ainsi du jour au lendemain. En attendant, — quand ce ne serait, qu'à titre documentaire, — il importe de rappeler ce que fut cette longue tyrannie, dont les Turcs sont à peine délivrés.

Allons au vif de la question : il y a trois mois encore, le Français qui devenait l'hôte du Sultan tombait brusquement dans un milieu monarchique et religieux, auquel il n'est plus habitué. Quelles que fussent ses convictions et ses opinions politiques, il avait tout de suite le sentiment désagréable qu'une autorité soupçonneuse et tyrannique avait la main sur lui. Or cette monarchie et cette religion, dont il subissait, à chaque pas, la surveillance jalouse, n'avaient rien de commun avec celles de notre Europe moderne. Elles n'avaient pas bougé depuis des siècles. C'est comme si, tout à coup, on nous eût jetés en plein moyen âge.

Lorsque je me dirigeais vers Constantinople, j'avais, sur le bateau, pour voisin de table, un ancien fonctionnaire ottoman qui avait occupé, en France, un poste diplomatique. Il me parlait avec émotion de ses parents qui vivaient encore et qui habitaient un des plus anciens quartiers de Stamboul, et je pensais, à l'entendre, qu'il était impatient de les revoir. Nous accostâmes, et, à ma grande stupéfaction, l'ex-fonctionnaire se refusa absolument à quitter le bord : « Je sais très bien, — me dit-il, — que je pourrais descendre, mais je ne suis pas aussi sûr de pouvoir remonter ! » Par crainte d'un mauvais coup de son gouvernement, il se borna à contempler la ville du pont du paquebot et à chercher des yeux la maison paternelle.

Cet incident me donna un avant-goût des joies qui m'attendaient à terre. Tous les voyageurs les ont connues, et le programme en était varié : d'abord, exhibition et contrôle minutieux des passeports. La police turque était féroce sur ce chapitre. A la moindre irrégularité, on vous reconduisait, entre deux gendarmes, sur votre bateau, avec interdiction formelle d'en sortir. Un négociant suisse, protégé français, que je rencontrai au Caire, me conta l'anecdote suivante : il s'était embarqué pour Odessa, sur un vapeur d'une compagnie russe, et, ne prévoyant pas une escale à Constantinople, il avait négligé de se munir d'un passeport pour la Turquie. Arrivé en rade de Galata, il eut la fantaisie de descendre, à l'imitation des autres passagers. Naturellement, comme il n'avait pas de passeport, on le ramena sous escorte jusqu'au paquebot. Mais le commandant russe, impressionné par cet appareil policier, et craignant d'avoir affaire à quelque anarchiste déguisé, refusa de le recevoir : c'était au moment des troubles d'Odessa, et les Russes voyaient alors, dans tout inconnu, un révolutionnaire. Alors, les argousins s'emparèrent du malheureux, et, malgré ses récriminations, ils le mirent sous les verrous. On se doute de ce que peut être une poison turque ! Le protégé de la République française y subit de cruelles épreuves, depuis les tortures de la faim et les assauts de la vermine jusqu'aux vexations des gardiens, qui, ravis d'avoir un *giaour* à molester, l'insultaient, le maltraitaient, lui crachaient à la figure (*sic*). En vain leur donna-t-il tout ce qu'il avait d'argent sur lui, pour faire parvenir une réclamation au Consul de France : les coquins prenaient l'argent et déchiraient la lettre. Enfin, l'un d'eux-se laissa toucher et porta la supplique au Consul, qui, à grand'peine, obtint l'élargissement du prisonnier.

Depuis, à Constantinople, je me suis offert la maligne satisfaction de répéter cette histoire à un personnage officiel : il haussa les épaules et me jura ses grands dieux que ce n'était pas possible. Mais j'ai les meilleures raisons du monde pour être persuadé du contraire.

Après tout, ces formalités draconiennes étaient peut-être une nécessité gouvernementale. Pourtant, je ne pouvais m'empêcher, moi étranger, de les trouver insupportables. Elles étaient si compliquées en Turquie ! Après le visa des passeports, inspection minutieuse des bagages ! Les armes, les livres, les manuscrits, le moindre carnet de notes, tout cela était absolument prohibé. Baedeker et Joanne étaient arrêtés à la frontière. Un lambeau de journal qui enveloppait une paire de chaussures était saisi comme écrit dangereux et subversif. Que dis-je ? un innocent jeu de boules, acheté à Marseille par un directeur d'école pour l'ébaudissement de ses élèves, fut, un jour, confisqué *comme explosif* ! A une réclamation transmise par la voie diplomatique, l'autorité supérieure répondit le plus sérieusement du monde que ces engins suspects avaient été expédiés à Damas, pour y être examinés au laboratoire de l'Ecole d'artillerie ! Heureux ceux qui pouvaient obtenir de leur ambassade l'assistance d'un kawass pour les protéger contre ces pitoyables avanies et aussi contre la rapacité et le mauvais vouloir des douaniers !

Quand, au prix de nombreux *bakchichs* et d'une patience à toute épreuve, on était parvenu à calmer tous les cerbères qui défendaient l'entrée de la Sublime-Porte, quand on avait franchi le double cordon des policiers et des douaniers, alors on éprouvait comme le soulagement d'avoir forcé une muraille de Chine. On était enfin dans la place, et, par une juste compensation, on y jouissait d'une sécurité parfaite. Un de nos jeunes compatriotes, établi là-bas, me disait en riant : « Pour nous autres Européens, c'est plus que la liberté, c'est la licence ! » — Je le veux bien, mais tout de même cette « licence » me rappelait la tirade célèbre de Figaro sur la liberté de tout écrire. Pourvu que vous ne soyez ni trop curieux ni trop interrogant, que vous cachiez soigneusement votre opinion sur les choses et sur les gens du pays, que vous vous absteniez de fréquenter les indigènes suspects ou mal notés, et, en général, tous les Turcs, quels qu'ils soient ; que vous évitiez après le couvre-feu de vous promener dans Stamboul, — et, en tout temps, du côté des terrains militaires, des casernes ou des prisons, — oui, à toutes ces conditions, sans parler d'un grand nombre d'autres que j'oublie, vous aviez le droit d'aller et de venir en pleine et entière liberté. D'ailleurs, pensais-je, cette liberté est garantie par la présence tutélaire de nos agents. Et puis, Dieu merci ! nous avons encore des flottes et des canons qui en répondent !

Je crus d'abord que je pourrais, sans trop de peine, m'accommoder de cette liberté-là. On eut tôt fait, en haut lieu, de me détromper. Gomme j'avouais mon désir de pousser mon voyage jusqu'à Bagdad : « — Gardez-vous-en bien ! me dit-on, nous serions dans l'impossibilité de vous protéger. Deux voyageurs, l'an dernier, ont laissé leurs os en route ! » C'était encourageant ! J'insistai, malgré cette triste perspective : on me fit comprendre que j'avais tout à fait mauvaise grâce. « — Mais tout au moins, dis-je, ne pourrais-je, dans Galata, ou dans Péra, causer tranquillement avec tel boutiquier grec ou arménien, et, en usant de toute la discrétion possible, le questionner sur… ? » — « Gardez-vous-en bien ! vous seriez immédiatement arrêté ! Et même si cela vous arrive, nous vous conseillons de vous laisser faire sans la moindre résistance : on vous relâchera au poste de police, sur le vu de votre passeport ! » — « Mais, dis-je, ne pourrais-je au moins sortir mon kodak aux environs de Dolma-Bagtché, où il y a de si jolies fontaines ? » — « Gardez-vous-en bien !… Ce serait le comble de l'imprudence. Le peintre X…, qui était venu ici pour prendre des vues du Bosphore, a été obligé de se rembarquer la semaine dernière : on l'appréhendait comme espion, chaque fois qu'il plantait son chevalet quelque part ! »

Alors, que devenir ? Bon gré, mal gré, on se résignait à emboîter le pas au troupeau des touristes. On assistait à la parade du Sélamlik, on visitait le Vieux-Sérail, Sainte-Sophie, les mosquées, les derviches hurleurs et tourneurs, le cimetière de Scutari, tous les cimetières et tous les turbés. Huit jours suffisaient très amplement pour épuiser ces jouissances. Et comme on ne pouvait se rendre dans une localité voisine ou lointaine sans un *tezkéré* dûment visé par un consulat et contre-visé par les autorités ottomanes, on se décourageait, on renonçait à pénétrer dans un pays si farouchement barricadé : il n'y avait plus qu'à décamper !

Teniez-vous à rester quand même ? Petit à petit, vous vous façonniez aux habitudes de circonspection qui s'imposaient à Constantinople : s'observer sans cesse, parler bas dans les cafés, les tramways, tous les lieux publics, mesurer ses expressions, jeter, de droite et de gauche, le coup d'œil oblique qui pige le mouchard, exercer un contrôle rigoureux sur ses relations et se défier de tout inconnu. On s'y accoutumait, on devenait un parfait Pérote. On ne voulait plus voir que les beaux côtés du régime. Le Français le plus féru d'égalité se refaisait tout doucement une âme monarchique. Il ne disait pas : le Sultan, mais : Sa Majesté. S'il interpellait un pacha, il n'omettait jamais de lui donner de l'Excellence. Les titres de comte et de marquis prenaient des sonorités emphatiques dans sa bouche, tant la fascination nobiliaire est contagieuse à Péra ! Et, comme tous les Grecs et les Levantins, ce même Français était avide de fréquenter « le monde des ambassades, » qui, dans tout l'Orient, s'attribue une importance réjouissante.

Évidemment, c'étaient là de menus ridicules et de menus ennuis, — et, encore une fois, il est à souhaiter que le nouveau gouvernement y ait mis fin pour toujours. Mais l'Européen qui demeure, en qualité de fonctionnaire, de commerçant ou d'industriel, est sujet à de pires désagréments. De temps en temps, il nous en arrive des échos par les journaux, dont l'officieuse réserve n'est pas toujours en mesure de tamiser à point la vérité. N'appuyons pas trop sur ce sujet délicat, et si, pour un fournisseur ou un fonctionnaire, la plus ordinaire mésaventure, en ces pays, consiste à n'être pas payé, il faut en prendre philosophiquement son parti. A quoi bon récriminer, puisque c'est ainsi ? Depuis un quart de siècle, tout l'effort de notre diplomatie, en Orient, se réduit pour ainsi dire à des recouvrements de créances. Quelquefois seulement, lorsque ces opérations nécessitent un appareillage d'escadre, un commencement de démonstration navale, l'opinion se décide à s'émouvoir. Les Turcs habitués à ces incidents, qui étaient comme une conséquence inévitable de leur ancien régime politique, les envisagent avec une sérénité hautaine et quelque peu méprisante. L'un d'eux me le disait, un jour, non sans une pointe d'amertume :

« On ne voit plus vos flottes dans nos parages !… ou, quand on les voit, c'est pour de l'argent !… Ah ! vous n'êtes pas fiers !… » Il convient en effet de le reconnaître : les individus qui provoquent ces mises en demeure ne sont pas toujours très intéressants. C'est si vrai que l'aveu en échappe souvent, même à ceux qui auraient avantage à se taire. J'admirai fort le ton de commisération touchante dont un directeur de compagnie industrielle, causant devant un groupe d'Européens, accompagnait cette phrase candide : « Ces pauvres Turcs !… Tout de même, nous leur prenons beaucoup ! »

Mais il n'en est pas moins vrai que ces difficultés d'ordre financier sont extrêmement désagréables pour les gens de moralité correcte et pour quiconque est accoutumé à faire fond sur la parole d'un gouvernement régulier. Ce qu'il y a de plus irritant, c'est le parti pris d'inertie et de mauvais vouloir, et, pour tout dire, le système *des bâtons dans les roues*, dont les autorités ottomanes se prévalent contre les Européens qui sollicitent des concessions de travaux publics ou d'exploitations privées, qui tentent d'amorcer la moindre affaire. Les lenteurs calculées qu'on leur oppose, lenteurs interminables et qui aboutissent fréquemment à une fin de non-recevoir pure et simple, quand une intervention diplomatique ne se produit pas à temps, les singularités de la procédure et de la législation, la vénalité administrative, tout cela paralyse les énergies les mieux préparées à la lutte. Pour triompher sur un terrain aussi fuyant, il faut être doué d'une souplesse, d'une longanimité que l'Occidental ne connaît plus, ou être rompu, par toute une éducation spéciale, aux ruses d'une diplomatie archaïque, qui s'inspire des traditions les plus subtiles de Byzance. J'ai retenu, comme vraiment typique, ce mot d'un Père jésuite qui fait autant d'honneur à l'esprit de l'Eglise qu'à la ténacité de l'adversaire musulman : « Ici, tout est difficile, mais rien n'est impossible ! » Et je le rapprochais d'un autre mot non moins significatif, prononcé devant moi par un industriel français : « J'ai toujours trois ou quatre petites affaires qui mijotent… Sur le nombre, il y en a bien une qui finit par se cuire. » Les moyens employés pour atteindre ces pénibles résultats sont fort variés. Il va de soi que « les largesses, les dons, invincibles appas » figurent au premier rang et parmi les plus efficaces. De tout temps, l'imagination orientale s'est laissé éblouir par la splendeur des présents, et, depuis les temps fabuleux de la reine de Saba,

toutes les grandes rencontres et tous les grands accords, en ce
pays de la pompe et de la magnificence, ont été précédés par des
cortèges de chameaux et de serviteurs portant des vases précieux
et les parfums qui dissipent les mauvaises odeurs…

Innombrables sont les circonstances où s'impose l'obligation
du « présent. » S'agit-il, par exemple, pour-un Européen, de faire
construire une maison, il surgit à l'encontre de son projet de telles
difficultés administratives que, seul, l'emploi du *bakchich* en peut
adoucir la rigueur. Sans doute, en matière de droits immobiliers,
le régime est le même pour les étrangers que pour les Ottomans.
Mais c'est précisément ce régime qui n'est pas commode.

Avant de convoquer l'architecte et les maçons, un *iradé*, une
autorisation impériale, est nécessaire. Ce n'est là, je le veux bien,
qu'une formalité. Il n'en est pas moins vrai que cette formalité est
souvent longue et coûteuse. Les difficultés se compliquent, s'il
est question d'agrandissements, de constructions nouvelles sur
une propriété, voire de simples réparations. A Constantinople,
paraît-il, les habitants sont exempts d'impôts mobiliers. Mais, dès
qu'ils se permettent la moindre réparation, le fisc s'abat sur eux,
en exigeant une contribution qui peut être considérable et dont
le chiffre dépend, en somme, du bon plaisir de l'administration.
Le raisonnement sur lequel repose cette coutume est bien simple :
« Tu embellis ta maison : donc tu as de l'argent disponible. Alors
il est juste que l'Etat, qui te protège, en ait sa part. » Ces habitudes
patriarcales deviennent, on le conçoit, très aisément vexatoires.
Un Français qui possédait une maison de campagne aux environs
de Péra, m'avouait qu'il avait dû s'en débarrasser, étant pris dans
ce dilemme : ou la laisser tomber en ruines, ou payer pour les
réparations des sommes qu'il jugeait très disproportionnées avec
la valeur de l'immeuble.

Il y aurait vraiment de quoi rire, si l'on s'amusait à cataloguer
toutes les chinoiseries administratives dont les malheureux
propriétaires sont victimes, en terre ottomane. J'ai vu, sur les
hauteurs de Taxim, une fort belle maison inhabitée, quoique neuve
et admirablement située. Gomme j'en demandais le pourquoi, voici
ce qu'on me répondit. D'abord, l'autorité arrêta les constructions
de l'immeuble, dès qu'il eut atteint son premier étage, sous prétexte
que, des fenêtres, la vue plongeait dans une cour de caserne. Un

arrangement pécuniaire intervint qui emporta l'objection. Mais, lorsque le second étage fut élevé, la même autorité vigilante s'avisa, cette fois, que, du haut des balcons, les locataires pourraient couler un regard indiscret du côté d'Yldiz et des jardins impériaux : licence dangereuse et, en tout cas, attentatoire à la majesté du Padischah. En conséquence, le propriétaire fut requis ou bien de boucher toutes les ouvertures du second étage, ou de laisser sa maison inhabitée. C'est ce dernier parti qu'il adopta. L'affaire en était là en 1906. Il est fort probable que, depuis, un nouvel arrangement est survenu, le *bakchich* ayant tout aplani.

Voilà les agréments qui attendent les simples particuliers qui font bâtir. C'est bien pis pour les communautés religieuses. La construction d'un couvent, d'une église surtout, est une véritable affaire d'Etat qui met en mouvement les ambassades et qui réclame leurs plus énergiques instances. En droit musulman strict, il est défendu d'élever de nouvelles églises sur une terre d'Islam.[1] Même la réparation des églises existantes n'est que *tolérée*. Cela va de soi. Le Sultan est, dans un sens très catégorique, « le Défenseur de la Foi, » et, connue me le disait spirituellement un avocat de Constantinople, le Commandeur des croyants doit envisager l'érection d'une église en terre ottomane exactement comme le Pape envisagerait l'érection d'une mosquée dans les jardins du Vatican.

S'il autorise ces constructions d'églises et de couvents, ce ne peut être que la main forcée et en vertu de cet axiome tristement opportuniste : *La nécessité donne qualité de permises aux choses défendues en principe.* Il n'y a donc pas lieu de s'étonner si l'obtention d'un *iradé* est, pour nos religieux qui veulent bâtir, une entreprise si ardue et soumise à d'interminables délais. Il en est qui perdent patience et qui, en cachette, prennent les devants, font creuser des fondations, élever un mur, quelquefois un édifice entier, sans que l'administration ait l'air de s'en douter. Mise en présence du fait accompli, celle-ci aurait le droit d'exiger la démolition de la bâtisse non autorisée. Mais ce seraient des complications diplomatiques à

---

1 Maintenant que l'égalité civile de tous les cultes vient d'être proclamée par les Jeunes-Turcs, il est évident que cette législation devra être complètement remaniée. Mais que de difficultés sont à prévoir, et comme l'œuvre réformatrice sera longue ! Le parlement ottoman, quand il aura obtenu ce premier et difficile résultat de se réunir, va se trouver en présence d'une tâche formidable.

n'en plus finir. De part et d'autre, on préfère composer. Et, encore une fois, le *bakchich* intervient, jusqu'à la complète régularisation de l'affaire.

Il en est aussi qui recourent à des ruses de Bédouins pour tourner la loi, en attendant l'expédition du fameux *iradé*. Un directeur d'orphelinat catholique, gros homme réjoui et bon vivant, me contait par quel merveilleux artifice il avait réussi à abriter ses pupilles pendant toute la durée des négociations préliminaires. Le code musulman admet que le nomade qui vit sous la tente n'est sujet à aucune redevance et qu'il peut planter cette lente où bon lui semble. En conséquence, le subtil religieux fit dresser des baraquements recouverts de toile, où il installa des classes, des ateliers, des dortoirs et une chapelle. Théoriquement, l'autorité n'avait rien à dire puisque, somme toute, le directeur de l'orphelinat et ses élèves vivaient sous la tente, comme les patriarches au désert. Mais c'était tout de même, en fait, une violation impudente des règlements. Le *moudir* de la région arrive, un beau jour, avec ses subalternes, et, la menace à la bouche, s'avance vers la porte des baraquements, afin de constater le délit. Sur quoi, le directeur se mettant en travers, les paumes tendues comme pour écarter un sacrilège : « N'approche pas ! C'est mon harem !... » Cette plaisanterie rabelaisienne, jointe à un cadeau persuasif, aurait suffi, paraît-il, à assoupir toute surveillance, jusqu'au moment où l'*iradé* obligatoire autorisa enfin les constructions.

Mais qu'on ne s'imagine pas que tout est terminé avec l'acquisition de cet *iradé* ! Une foule de chicanes sont ordinairement suscitées par des fonctionnaires locaux, désireux de remédier à l'insuffisance ou à l'absence totale de leur paie. Tous les prétextes leur sont bons pour vous soutirer de l'argent. Tantôt les bâtisses ne sont pas exactement conformes aux plans déposés dans les bureaux de l'administration. D'autres fois, on s'aperçoit un peu tard que l'église ou le couvent projetés sont trop voisins d'une mosquée ou d'un cimetière musulman : d'où la possibilité de soulever des contestations, voire de suspendre la main-d'œuvre. Le maquis de la procédure ottomane est, en vérité, inextricable.

On estimera, d'après cela, quelle dose de longanimité et d'astuce il a fallu à nos religieux pour édifier tous les établissements d'instruction ou de bienfaisance dont ils ont couvert le territoire de l'Empire. La peine que cela leur a coûtée prouve une fois de plus que, si « tout est difficile, en ces pays rien n'y est absolument impossible. » Mais elle prouve surtout combien est précaire la tolérance dont on use à leur égard, et, en général, à l'égard de tous les Européens.

Nous touchons ici à un sujet brûlant : celui du fanatisme musulman. Il faut bien l'avouer : les entraves religieuses, que nous ne subissons plus, ont gardé, en Orient, toute leur force, et, pour le voyageur qui a étudié les âmes d'un peu près, c'est une inquiétante surprise de constater combien l'Islam est resté, quoi qu'on dise, intact et exclusif dans sa foi.

Oh ! je sais bien qu'en affirmant cela, je vais exciter les protestations indignées de tout ce qu'il y a de Jeunes-Turcs, de Jeunes-Egyptiens, et, ajoutons maintenant, de Jeunes-Tunisiens et de Jeunes-Algériens, en attendant les Jeunes-Marocains. J'ai toujours en mémoire mes conversations avec Moustafa Kamel Pacha, qui, de toute son éloquence, repoussait le reproche de fanatisme adressé à ses coreligionnaires. Sa sincérité était évidente, mais il ne m'a pas convaincu. Je crois encore que tous ses amis et tous ses partisans sont également sincères, qu'ils souhaitent ardemment non pas une transformation, mais une épuration de l'idée religieuse musulmane. Seulement, ils sont un petit troupeau perdu dans la foule,[1] et, s'ils se trompent sur les sentiments de cette foule, n'est-il point de leur intérêt, comme du nôtre, d'en être avertis ?

Or ces généreux patriotes vous tiennent, ou à peu près, le langage suivant : « Eh quoi ! — disent-ils, — ne circulez-vous pas chez nous en toute liberté ? Qui vous a jamais attaqué, ou seulement molesté pour cause de religion ? N'accueillons-nous point avec une égale tolérance toutes les religions possibles ? Voyez nos grandes villes : Constantinople, le Caire, Beyrouth, Jérusalem. Toutes les confessions imaginables, n'y ont-elles point leurs églises ou leurs temples ? Tandis que Paris n'a pas de mosquées, Constantinople possède des sanctuaires pour toutes les variétés de sectes chrétiennes. Bien plus, les religieuses expulsées de votre

---

1 Cette assertion peut sembler inexacte, après les manifestations populaires auxquelles, récemment, ont donné lieu les funérailles de Moustafa Kamel. Mais je m'expliquerai là-dessus plus précisément, lorsque j'étudierai l'élite musulmane et son action sur le peuple.

pays, vos sœurs de Saint-Vincent de Paul, ont trouvé un asile dans nos hôpitaux. Ne pouvant plus soigner les soldats français, elles soignent les soldats de notre Sultan, qui leur témoigne une faveur particulière. Ces victimes de votre fanatisme reçoivent chez nous un accueil fraternel. Le respect dont on les entoure est si grand que, par un privilège spécial, elles ont le droit de pénétrer dans l'enceinte de la mosquée d'Omar, le lieu le plus saint de tout l'Islam après la Mecque. Et vos Jésuites, vos Dominicains, vos Lazaristes, vos Assomptionnistes, vos Bénédictins, vos Capucins, vos Frères de la Doctrine chrétienne, toutes ces congrégations que vous avez dispersées, chassées de chez vous *pour cause de religion*, ne sont-elles point libres, ici, d'enseigner, de catéchiser, de prier à leur guise ? Est-ce nous qui faisons fermer les couvents, qui crochetons les églises et les chapelles ? D'ailleurs, si nous ne pratiquions point naturellement cette tolérance, notre religion nous en ferait un devoir. Elle nous prescrit d'être humains et hospitaliers envers tous les hommes, quels qu'ils soient. »

A quoi je répondrai : Oui ! sans doute, j'accorde tout cela. Je ne veux même pas poser la question indiscrète de savoir ce qu'il adviendrait de cette tolérance, si les nations chrétiennes n'étaient plus capables de l'imposer à l'Islam par la force. Mais j'observe une chose manifeste : c'est que, si une minorité éclairée de musulmans, en général éduqués dans nos écoles, est entièrement exempte de fanatisme religieux (le sheïk-ul-Islam lui-même, le défenseur officiel de l'orthodoxie, passe pour un homme aux idées très larges et très libérales), il y a pour le moment, un abîme entre cette minorité et la masse ignorante. Il est incontestable que celle-ci nous hait, peut-être pour des motifs qui ne sont pas exclusivement religieux ; mais comment distinguer entre ces motifs, et comment abstraire la religion dans les sentiments d'un peuple pour qui la religion est tout ?

Tous les raisonnements et toutes les protestations du monde n'empêchent point que la grande masse musulmane ne soit foncièrement hostile à l'étranger, qui est le Chrétien. Parbleu ! il est clair que nous, Européens, nous pouvons aller et venir dans une ville d'Orient sans risquer la moindre avanie. Ceux qui auraient envie de nous chercher noise savent trop bien ce qu'il leur en coûterait pour se passer ce caprice. Mais de quels yeux de haine on nous poursuit, principalement dans les quartiers qui avoisinent les sanctuaires les plus vénérés, et comme le silence méprisant qu'on nous oppose est significatif ! Je nie rappelle, comme si c'était hier, le regard furieux dont nie foudroya un soldat qui priait devant la fenêtre grillée d'un *turbé*, près de la mosquée Laléli, à Stamboul. Et pourtant, j'en suis sûr, mon attitude était aussi déférente et recueillie que dans un de nos cimetières, en présence de nos morts. Cette atmosphère d'hostilité, je l'ai sentie peser sur moi dans presque tous les quartiers populaires demeurés fermés à la pénétration occidentale, mais surtout aux environs de la mosquée Mehmet-Fahti et de la très sainte mosquée d'Eyoub. Pour ce qui est de celle-ci, on n'ignore pas que, jusqu'à ces derniers temps, l'accès en était jalousement interdit aux Chrétiens. Nul infidèle, assurait-on, n'avait pu encore en franchir le seuil. Lors de mon passage à Constantinople, quelques Jeunes-Turcs, voulant me démontrer leur libéralisme, prétendirent m'y entraîner, non sans toutefois m'avoir affublé du fez musulman. Nous dûmes renoncer à l'entreprise : un geste, une parole pouvait me trahir, et nous risquions d'être assommés par les dévots.

Même dans les mosquées habituellement visitées par les voyageurs, il faut voir avec quel dégoût les *imams* vous enfilent les babouches réglementaires. Nulle part je n'en ai rencontré d'aussi grincheux qu'à Sainte-Sophie. Les plus beaux *bakchichs* n'adoucissent point leur humour, et c'est au galop, avec l'impatience évidente de vous mettre dehors au plus vite, qu'ils vous font parcourir les nefs et les galeries de la prodigieuse basilique : corvée humiliante dont ils s'affranchiraient volontiers, s'ils n'y étaient contraints par les nécessités de la politique, et, — ils doivent bien le reconnaître aussi, — si cette corvée n'était, en somme, fort lucrative pour eux ! J'apprends d'ailleurs qu'aujourd'hui toutes les mosquées, sans exception, sont fermées aux Chrétiens,[1] à moins qu'ils n'obtiennent, par l'entremise de leur ambassade, une permission spéciale et difficilement accordée. Le gouvernement turc justifie cette mesure par l'inconvenance fréquente des touristes. Il est bien possible que certains d'entre eux se conduisent en goujats et n'aient pas une tenue plus décente dans une mosquée que dans une église. Mais j'ai remarqué cent fois que toutes les marques extérieures de respect

____

1 J'ignore si, depuis la Révolution, cette mesure a été rapportée.

ne touchent pas davantage le piétisme musulman. Respectueux ou non, nous sommes des intrus dans ces lieux de prière. Le seul parti qui convienne, aux yeux du Croyant, c'est de nous en chasser.

S'il en est ainsi dans la capitale de l'Empire, — dans une ville où le frottement perpétuel avec l'Européen devrait amener une détente du fanatisme religieux, — on juge de ce qu'il en est dans les campagnes et dans les villes éloignées. Même au Caire, où l'Anglais est le maître, — dans le quartier d'El-Ahzar, la grande université de l'Islam méridional, — l'attitude des étudiants, des boutiquiers et des gens du peuple est nettement hostile. Durant le séjour que j'y fis, la presse menait un beau tapage autour de l'aventure d'un conseiller britannique qui venait d'être vertement rossé par une bande d'énergumènes pour avoir essayé de franchir le grand portail de la mosquée. Et je me souviens, pour ma part, de l'accueil plutôt désobligeant que j'y rencontrai, non pas seulement parmi les pauvres diables en *galabiehs* qui, accroupis au pied d'une colonne, ânonnaient leurs leçons avec des mouvements d'ours en cage, mais parmi des jeunes gens fort élégamment vêtus à l'européenne, dont on pouvait espérer au moins un peu plus de courtoisie. Ici, la réserve, la discrétion la mieux intentionnée ne servent à rien. Par crainte de blesser, d'éveiller des susceptibilités très ombrageuses, évitez-vous de pénétrer à l'intérieur des cours et des logis scolaires, vous bornez-vous à contempler du dehors le détail architectural des murs ou les revêtements de faïences peintes, des clins d'yeux malveillants, des rires sarcastiques ne tardent pas à vous mettre en fuite. Si vous faites mine de braquer un kodak, c'est une explosion de colères et d'injures mal contenues par la peur de démêlés avec la police.

Ces colères et ces haines latentes finissent bien, de temps à autre, par éclater. Les chrétiens d'Orient en savent quelque chose. Les massacres d'Arménie sont encore tout récents, et, lorsque j'étais à Beyrouth, on parlait, comme d'une éventualité toujours prochaine, de nouvelles attaques des musulmans contre les catholiques. Encore une fois, des raisons économiques ou politiques expliquent en partie ces soulèvements. Mais la haine religieuse en est le facteur essentiel. C'est elle qui exaspère jusqu'à la folie du meurtre les ressentiments peut-être légitimes de la population mahométane. Cette haine couve et travaille sans cesse. Si l'on était tenté de l'oublier, il suffirait de longer les murailles de nos couvents : ils sont défendus comme des places fortes, aménagés de façon à servir de refuge dès la première alerte. Tel orphelinat du Liban a sauvé ainsi de l'extermination des centaines de montagnards traqués par les Druses. Mais ces clôtures en pierres de taille seraient elles-mêmes bien fragiles, si la menace de nos flottes ne les rendait, au moins théoriquement, inviolables.

Qu'on allègue après cela les politesses diplomatiques dont le Sultan veut bien user à l'égard de certaines congrégations ; que l'on cherche dans le Coran ou dans les textes théologiques de l'Islam le désaveu du fanatisme, cela ne prouve pas grand'chose. Des sentiments individuels n'influencent que médiocrement ceux de la masse. Et personne n'ignore que, de notre Evangile aussi, il est possible d'extraire des maximes qui, tour à tour, prescriront la charité universelle, ou fourniront une arme aux persécuteurs.

La vérité vraie, c'est qu'en Orient une foule de confessions ennemies ou concurrentes vivent côte à côte, sans trop de heurts ni de froissements, non point en vertu d'une tolérance réciproque, mais par la crainte de complications pires que le *statu quo*. L'équilibre qui les maintient en paix est éminemment instable. Bien loin de diminuer les haines ou d'affaiblir les convictions religieuses, ce voisinage perpétuel n'aboutit qu'à les entretenir ou à les irriter. Le prétendu scepticisme des Levantins n'est que de surface. Quand un Français a vécu quelque temps dans ce milieu d'exaltation sournoise, il arrive que, lui aussi, est gagné par la contagion de l'exemple. De même qu'en Orient il se refait une âme monarchique, il s'y refait aussi une âme religieuse. On me citait le cas d'un ex-rédacteur de je ne sais plus quelle feuille socialiste, bombardé vice-consul de France dans une ville perdue de la Syrie. Au bout de trois mois, cet anticlérical farouche était le plus assidu aux offices des Capucins. Forcément, il avait dû se ranger avec ceux de sa nation, et, sinon par conscience, du moins par intérêt bien entendu, faire cause commune avec eux.

V. — LA BARBARIE COSMOPOLITE

Au fond, les antagonismes de religions se réduisent à des

antagonismes de races : cette formule, qui est vraie partout, l'est surtout en Orient. C'est une chose prodigieuse que tant de races ennemies puissent y cohabiter sous la tutelle d'un gouvernement tyrannique et presque toujours partial. Mais ce qui est plus étonnant encore, c'est qu'elles paraissent se résigner non seulement à l'immixtion perpétuelle, mais à la domination plus ou moins déguisée de l'Européen, qui, pour elles toutes, est l'ennemi commun. Car il ne faudrait pas non plus nous illusionner sur les dispositions des Chrétiens orientaux à notre égard. Un jour que je reprochais à l'un d'eux son intempérante admiration pour le Mikado, son enthousiasme pour les victoires japonaises, il me répondit tout naturellement : « Eh bien, oui ! Nous autres Asiatiques, nous nous entendrons toujours mieux avec des Asiatiques, quels qu'ils soient, qu'avec des Européens de notre religion ! »

Et ainsi, après avoir exprimé notre opinion sur l'Orient et les Orientaux, nous voici amenés maintenant à nous demander ce qu'à leur tour ils pensent de nous. Nous nous posons rarement cette question, ou plutôt jamais, tant nous sommes accoutumés à tenir leurs sentiments pour négligeables. D'ailleurs, ne leur apportons-nous point, avec nos capitaux et notre activité, « les bienfaits de la civilisation ? » Ne répandons-nous point la richesse et le bien-être partout où nous passons ; ne sommes-nous point, pour ces peuples esclaves et arriérés, des éducateurs, des émancipateurs ? Et n'est-il pas juste qu'en échange de tant de services, ils nous accordent, avec leur amour et leur reconnaissance, le bénéfice de quelques avantages matériels ?

Ce qu'il y a de sûr, c'est que notre présence envahissante leur est une gêne et une humiliation de tous les instants. Essayons plutôt de nous représenter la perturbation intolérable que produirait, dans notre vie nationale, l'irruption en masse d'étrangers qui s'établiraient à demeure dans nos villes et dans nos campagnes. Les cosmopolites qui séjournent ou qui passent à Paris ne se différencient guère de nous que par la nationalité. En Orient, il y a un abîme entre l'étranger et le naturel du pays. Ils n'ont presque rien de commun, ni la religion, ni l'éducation, ni les mœurs, ni le costume. Ce sont deux peuples séparés autant qu'il est possible, et qui n'aboutissent qu'à se froisser désagréablement, en prenant contact l'un avec l'autre. Au Caire, par exemple, ce contact est de tous les instants, les quartiers étrangers pénétrant de partout les quartiers indigènes. Que dirions-nous si une ville levantine, japonaise ou chinoise se dressait au cœur de Paris ? Et ne comprend-on pas la mauvaise humeur des Turcs qui, en face de Stamboul, voient s'étaler et s'accroître la ville européenne de Péra ?

Je sais bien que les hautes classes orientales tendent de plus en plus à se rapprocher de nous, en adoptant au moins ce qu'il y a de plus extérieur dans nos usages. Mais la masse est restée à peu près telle quelle. Or, c'est pour cette masse surtout que l'invasion européenne est désastreuse et insupportable. D'abord, par l'intrusion de notre activité fébrile (dont la raison, d'ailleurs, leur échappe), nous les arrachons tout d'un coup à leur oisiveté séculaire. Nous condamnons au travail abrutissant de nos usines des gens accoutumés à se laisser vivre, ou qui se satisfaisaient autrefois avec le produit d'un labeur médiocre. Nous les obligeons à économiser leur temps, eux si prodigues des heures, si insouciants de la durée. Nous les contraignons à une exactitude, qu'ils trouvent odieuse et ridicule. Sous prétexte de décence, nous leur imposons notre vêtement si mal approprié aux exigences du climat, nous les forçons à acheter nos étoffes sombres, et nous les affamons par-dessus le marché, nous les expulsons de leurs logis, en faisant renchérir, dans des proportions exorbitantes, les loyers et les vivres. Le pire peut-être, c'est la laideur dont nous affligeons ces races qui, autrefois, lorsqu'elles étaient livrées à elles-mêmes, se manifestaient en beauté. Par la bigarrure hétéroclite des costumes, nous établissons chez eux un carnaval permanent. Y a-t-il rien de grotesque comme ces drogmans, ces artisans, ces ouvriers levantins qui s'exhibent avec le veston de tussor de nos garçons-coiffeurs, les bottines lacées et les chaussettes des manufactures allemandes, sans abandonner pour cela la culotte turque et le tarbouch musulman ? Et l'aspect hybride de ces rues, où nos bars, nos épiceries, nos magasins de nouveautés, nos cafés-concerts alternent avec des échoppes de ciseleurs arméniens ou persans, des mosquées, des hammams ou des *turbés*. Quand on a traversé le Mousky, la grande artère commerçante du Caire, toute bariolée d'enseignes cosmopolites, toute grouillante de foules et d'attelages hybrides, comme on regrette le calme, la tonalité discrète et strictement africaine des casbahs algériennes, ou des souks tunisiens, les petites rues ombreuses, aux façades toutes blanches, où se creusent des portes à judas et à ferronneries, entre des jambages et des linteaux de marbre sculpté !

Sans doute, ces outrages à l'esthétique n'émeuvent guère les hautes classes, non plus que le renchérissement de la vie, ou la nécessité d'un labeur plus intense. Leur fortune les met à l'abri de la famine et leur paresse héréditaire s'entretient en d'innombrables sinécures bureaucratiques. Mais elles nourrissent contre l'Européen des griefs non moins précis que ceux de la plèbe. Il y a de quoi, avouons-le. Songeons que les meilleures places, les plus grassement rétribuées sont, en général, dévolues à des ingénieurs, ou à des administrateurs européens : de là une jalousie bien excusable, et qui s'exagère forcément par des raisons patriotiques. Ajoutons les pirateries financières qui s'exercent, en Orient, sur une si splendide échelle, et où les Orientaux n'ont point la plus belle part, et l'on comprendra jusqu'à un certain point la légitimité de leurs revendications. Le pire, à leurs yeux, c'est peut-être l'inégalité juridique, conséquence fatale du régime des *Capitulations*. J'entends encore Moustafa Kamel s'emporter, avec son habituelle chaleur oratoire, contre ces aventuriers grecs, ou italiens, ces criminels de droit commun qui, grâce à ce régime, bénéficient, en Egypte, d'une extrême indulgence, alors que, dans leur pays d'origine, ils seraient traités selon toute la rigueur des lois. Et nos demandes perpétuelles d'indemnités, de représailles ou d'excuses pour la moindre avanie infligée à des clients souvent peu recommandables : tout cela, convenons-en, doit fatiguer à la longue les patiences et les bonnes volontés les plus robustes.

Nos optimistes ripostent que, sans nous, l'anarchie administrative, financière ou judiciaire serait, pour l'Orient, un fléau cent fois plus funeste que l'actuel contrôle européen. D'autres célèbrent en termes lyriques l'influence civilisatrice des grands centres cosmopolites. Ces villes d'Orient envahies par l'étranger seraient, à les en croire, des foyers d'activité incomparables, de véritables creusets intellectuels où les mentalités les plus diverses finissent par se fondre et s'amalgamer, — en tout cas, des lieux d'échange pour les idées comme pour les produits de l'Orient et de l'Occident. La thèse est peut-être juste, mais dans une mesure beaucoup moindre qu'on ne l'imagine. En réalité, chacun vit de son côté, et, tout en tirant au râtelier commun, chacun méprise cordialement son voisin. Ainsi, en Egypte, le Musulman traite de haut le Copte, son frère, et ne daigne frayer ni avec le Syrien, ni avec le Grec, — et tout ce monde en bloc est tenu à l'écart par l'élément européen qui se subdivise en une foule de petites colonies et de petites coteries extraordinairement excitées les unes contre les autres. On se rencontre et l'on s'abouche journellement, mais dans cette foule qui poursuit des intérêts divergents, nul ne se soucie de connaître les âmes adverses. On ne se connaît réciproquement que par ses instincts combatifs, par tout ce qui repousse et dissocie. Si l'on s'emprunte quelque chose, ce ne sont que des vices, ou ce qu'il y a de plus immédiatement négociable et utilisable dans le matériel des civilisations.

Et même lorsqu'on s'emprunte des idées, — les âmes restant ce qu'elles sont, c'est-à-dire étrangères et contradictoires, — ces idées y produisent des résultats également étrangers et contradictoires. C'est une formule purement scolaire de répéter que le trafic mondial, ou même les congrès scientifiques internationaux préparent une entente universelle. Négociants, professeurs ou idéologues n'ont, en ces rencontres, d'autres préoccupations que de placer leur marchandise et de s'en revenir au plus vite, après avoir goûté chez le voisin quelques agréments. Personne n'est plus indifférent qu'un commis voyageur à l'âme de son client, si ce n'est un congressiste aux idées de ses adversaires, ou de ses hôtes. Joignons qu'en pays barbares, le civilisé, bien loin de communiquer sa culture aux humanités inférieures, subit au contraire l'emprise de celle-ci. Il se *rebarbarise* à leur contact, de même qu'une nature supérieure jetée brusquement dans une foule est annihilée et entraînée par elle. Ainsi les milieux cosmopolites démentent tous les beaux rêves qu'ils ont coutume de nous inspirer. En attisant les haines internationales par le frottement quotidien, en soumettant le civilisé au barbare, ils compromettent également la civilisation et tous nos espoirs de fraternité.

Concluons que, si l'Orient nous est hostile par tant de choses, — s'il nous éloigne et nous rebute par son climat, son hygiène, ses mœurs, ses entraves politiques et religieuses, — nous n'avons guère de chances non plus de le conquérir à nos idées, et de provoquer, par ce moyen, une détente durable dans nos rapports. Nous y sommes des étrangers qui ne s'y imposent que par la force, comme ont fait tous les conquérants occidentaux, depuis les expéditions d'Alexandre jusqu'à l'hégémonie britannique ou allemande. Et soyons-en bien convaincus : quels que soient les progrès ou les changements qui s'y opèrent dans l'avenir, en dépit de toutes les protestations pacifiques de part et d'autre, ce n'est que par la force que nous pouvons nous y maintenir, — à moins que nous-mêmes nous ne préférions subir la loi du plus fort.

ISBN : 978-1724735317

www.ingramcontent.com/pod-product-compliance
Lightning Source LLC
Chambersburg PA
CBHW072329270726
48658CB00016B/2220